RETIREMENT
ACTIVITY BOOK FOR WOMEN

101 ACTIVITIES INCLUDED

NEW SUNRISE BOOKS

DEAR WONDERFUL LADY,

CONGRATULATIONS ON THIS MOMENTOUS MILESTONE! RETIREMENT IS THE BEGINNING OF A NEW ADVENTURE, A CHANCE TO DISCOVER UNSEEN ASPECTS OF LIFE, AND A JOURNEY OF EXPLORING THE BEAUTIFUL UNIVERSE WITHIN YOU.

WE'VE PUT TOGETHER THIS ACTIVITY BOOK TO INSPIRE YOU WITH IDEAS TO MAKE THIS NEW PHASE OF LIFE AS EXCITING, FULFILLING, AND JOYFUL AS EVERY OTHER CHAPTER YOU'VE NAVIGATED BEFORE.

EMBRACE THIS PHASE AS AN EXCITING NEW BEGINNING. HERE'S TO LIVING EVERY MOMENT TO THE FULLEST, DISCOVERING NEW INTERESTS, AND CREATING BEAUTIFUL MEMORIES.

YOU'VE EARNED EVERY BIT OF THIS JOYOUS JOURNEY THAT LIES AHEAD OF YOU.

ENJOY YOUR WELL-DESERVED RETIREMENT, ONE PAGE AT A TIME.

CONTENTS PAGE

GET TO KNOW YOU #1

WHAT'S THE MOST INTERESTING BOOK YOU'VE EVER READ?

_____

_____

IF YOU COULD CHOOSE TO LIVE ANYWHERE IN THE WORLD, WHERE WOULD IT BE AND WHY?

_____

_____

WHO HAS BEEN THE MOST INFLUENTIAL PERSON IN YOUR LIFE?

_____

_____

WHAT'S SOMETHING YOU'VE ALWAYS WANTED TO LEARN BUT HAVEN'T GOTTEN AROUND TO YET?

_____

_____

GET TO KNOW YOU #2

WHAT'S THE BEST PIECE OF ADVICE YOU'VE EVER RECEIVED?

_____

_____

WHAT WAS YOUR FAVORITE SUBJECT IN SCHOOL, AND WHY?

_____

_____

IF YOU COULD MEET ANY HISTORICAL FIGURE, WHO WOULD IT BE AND WHY?

_____

_____

WHAT'S YOUR FAVORITE HOBBY TO RELAX AND UNWIND?

_____

_____

GET TO KNOW
YOU #3

IF YOU HAD A DAY COMPLETELY FREE OF RESPONSIBILITIES, HOW WOULD YOU SPEND IT?

_____

_____

WHAT'S THE MOST CHALLENGING THING YOU'VE EVER DONE?

_____

_____

IF YOU COULD HAVE ANY SUPERPOWER, WHAT WOULD IT BE AND WHY?

_____

_____

WHAT'S A PERSONAL GOAL YOU'VE SET FOR YOURSELF THIS YEAR?

_____

_____

GET TO KNOW YOU #4

WHAT MOVIE OR TV SHOW DO YOU NEVER GET TIRED OF WATCHING?

_____

_____

WHAT'S THE MOST ADVENTUROUS THING YOU'VE EVER DONE?

_____

_____

WHAT'S YOUR FAVORITE PLACE YOU'VE EVER VISITED?

_____

_____

IF YOU COULD HAVE DINNER WITH ANY THREE PEOPLE, DEAD OR ALIVE, WHO WOULD THEY BE?

_____

_____

WORD SEARCH #1

```
N B D L Y O K A P G Y Q A Z C V
M G R K K V J N W N K C H E C L
O C P N H O R W E M V R S M O I
L W F J W E Y R Z M K X I P M H
F U P G H Y U U L M Y U N O P M
Z S S Y F T S S Q U F V T W A I
J T F U R R T W O E G M E E S Y
K I K U T E R W C S G D L R S X
K O N F C S E B M P C U L M I P
X W F Y O I N Y S U B N I E O Z
X V C H U L G I D T Y I G N N G
D F G W R I T P L L E M E T B R
Z Z S D A E H N N V Q H N K R Z
R P W J G N D J O U P E C A J C
T O M Z E C J L I F J W E W L D
H A Q H A E F H P M W I Y L S V
```

COMPASSION   **COURAGE**
EMPOWERMENT   **INTELLIGENCE**
LOVE   **NURTURE**
RESILIENCE   **STRENGTH**

WORD SEARCH #2

```
A I T G B B W F I K I P X R M A
R T U E I A J S R G V U G L R B
B M P M E V C E V F Q W Y P E E
J P W C P H Z R V C U F N H H A
D B A V I I D M E G G I H H Z U
W M T M V N G T C A I H T D B T
V D Z C B K D G Y H T Z P B C Y
A R S F V I S E T Z L I O J R O
L A W B M J T R P E C C V T F L
Y L I Q H J V I P E N E U I O Z
A P S G X J J L O H N A F E T P
N I D E V Y W E E N V D C B O Y
N Q O E O C P L N K W X E I J E
W G M X G R A C E L X I V N T D
S C M Y H E S V R P H K X W C Y
A I A O J L E A D E R S H I P E
```

AMBITION   BEAUTY
CREATIVITY   GRACE
INDEPENDENCE   LEADERSHIP
TENACITY   WISDOM

WORD SEARCH #3

```
P  B  X  L  R  P  J  Z  V  B  W  V  N  K  M  S
A  H  I  I  N  T  U  I  T  I  O  N  I  N  A  R
Y  E  S  X  D  J  K  O  C  M  Z  S  N  V  L  J
V  E  I  D  L  Z  O  Y  M  Q  H  W  N  S  S  S
I  Q  S  M  R  Z  B  J  Y  F  K  P  O  T  J  X
N  D  T  A  O  B  Q  H  J  O  R  I  V  N  B  T
S  K  E  U  M  T  C  H  F  G  I  W  A  X  B  D
P  B  R  S  E  H  H  O  E  M  P  A  T  H  Y  C
I  P  H  N  B  N  K  E  N  K  M  G  I  I  E  D
R  K  O  I  I  P  M  B  R  F  B  P  O  U  L  M
A  O  O  J  P  C  W  Y  V  H  I  X  N  X  V  C
T  A  D  K  O  W  Z  V  G  M  O  D  K  F  H  Q
I  A  F  Q  D  M  L  X  E  E  A  O  E  P  L  G
O  T  Y  L  M  A  U  Q  O  V  E  B  D  N  Y  Y
N  C  N  F  D  I  V  E  R  S  I  T  Y  Z  C  X
K  K  S  J  G  N  O  J  Z  P  X  W  R  Q  S  E
```

CONFIDENCE	**DIVERSITY**
EMPATHY	**INNOVATION**
INSPIRATION	**INTUITION**
MOTHERHOOD	**SISTERHOOD**

WORD SEARCH #4

```
E P J E J T C J G Y D Z F L Q H
B O E C S O O B S D I G N I T Y
S A D R R G A K M J X O N J N O
E I L R S Y L P S J Z E S O W E
T C B A S I C E F M R S I X I A
F Z F C N A S A L U W T L P O Q
L Y W L N C K T T E A C F W F V
U G E M O U E N E N G P P P X I
Y T U T Q Y E I I N N A V W Z V
O H X P A V A M S O C Z N G N R
Z J J W D G R L I T W E W C O E
R Z K A Z E O S T K L S W A E X
S N L N T Y S Q Y Y Y L B Z K Q
X Y I E D A V G L A W E U M Y V
M A D D P H Y W E P H K X V N A
J O H Z R I Y P Q S K X P Q E E
```

ADVENTURE   **BALANCE**
DETERMINATION   **DIGNITY**
ELEGANCE   **LOYALTY**
PASSION   **PERSISTENCE**

WORD SEARCH #5

```
T S N K Z Q V J Q J H R T U D D
M W K R K Q Z S Z X Y N S I A R
O R T S Q W D V J T E S A E X P
D R U C U L V N I M E D A D Q A
A K G Q N E F L E N H Y U U H C
R W M U H P A V E T Y G S C H T
Q X G G L U E V F H G H E A U I
F N D S Q I I M I C E V E T P V
D I D E H T E C X O H I X I F I
V X E C R N T A B Y U B Q O Y S
J V A E T M F R F Z U K I N M M
E A S E V K T E F R E E D O M G
M S V A V J I E K U G N O N W X
A E B Y D P K R A C W U Q B D L
M T K O T I C E Q P U D I H K H
M G E N E R O S I T Y E Y J F V
```

ACHIEVEMENT   **ACTIVISM**
ASSERTIVENESS   **CAREER**
EDUCATION   **EQUALITY**
FREEDOM   **GENEROSITY**

WORD SEARCH #6

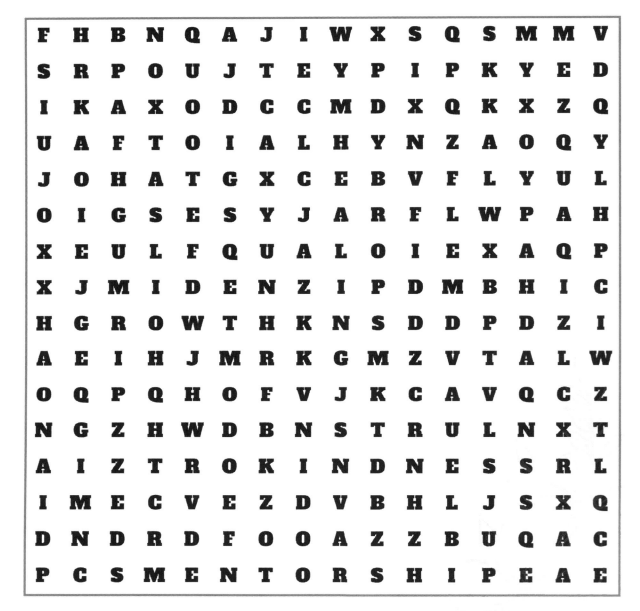

F H B N Q A J I W X S Q S M M V
S R P O U J T E Y P I P K Y E D
I K A X O D C C M D X Q K X Z Q
U A F T O I A L H Y N Z A O Q Y
J O H A T G X C E B V F L Y U L
O I G S E S Y J A R F L W P A H
X E U L F Q U A L O I E X A Q P
X J M I D E N Z I P D M B H I C
H G R O W T H K N S D D P D Z I
A E I H J M R K G M Z V T A L W
O Q P Q H O F V J K C A V Q C Z
N G Z H W D B N S T R U L N X T
A I Z T R O K I N D N E S S R L
I M E C V E Z D V B H L J S X Q
D N D R D F O O A Z Z B U Q A C
P C S M E N T O R S H I P E A E

GROWTH   **HEALING**
IMPACT   **JUSTICE**
KINDNESS   **LEGACY**
MENTORSHIP   **NETWORK**

WORD
SEARCH #7

```
Y C P R U N I Q U E N E S S Z A
V T R E Q H W G G N F A Z P A R
N R Z S K M J A L A Y N J I Y Y
K A O P V M G D N Z N Y M R Q X
A N D E K U F N Y Q T K P I D X
Y S P C Y Z R I I I L M Q T V Y
S F T T C N I L N A C F U U E N
F O T J L Y B U I X C M A A L V
A R C O K P T T V K Y V L L F O
U M Z O Q R N I Z X Q R I I J O
V A O M O E W P C C T J T T W L
Y T Z P T P V C U J X P Y Y R T
P I P O Y N H L I Q Z V O P I O
F O P E T S Q V I C T O R Y F E
B N T S K G W J C X B B T H O N
G S F T Q D W E V S T X D D L Q
```

OPPORTUNITY   **POTENTIAL**

QUALITY   **RESPECT**

SPIRITUALITY   **TRANSFORMATION**

UNIQUENESS   **VICTORY**

WORD SEARCH #8

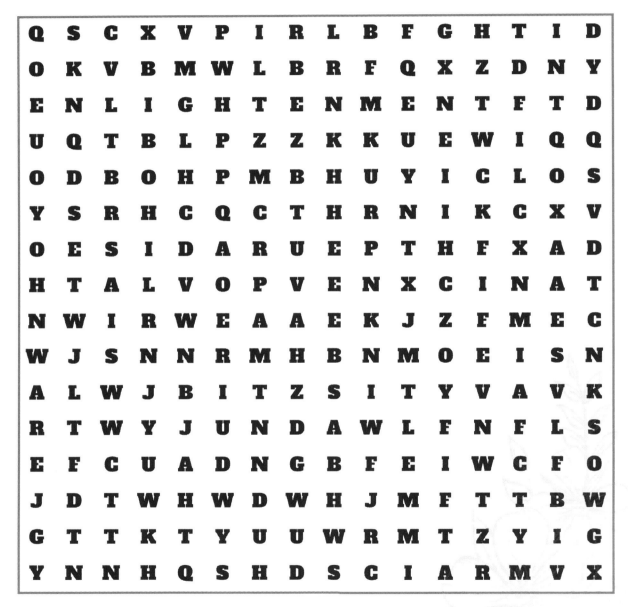

```
Q S C X V P I R L B F G H T I D
O K V B M W L B R F Q X Z D N Y
E N L I G H T E N M E N T F T D
U Q T B L P Z Z K K U E W I Q Q
O D B O H P M B H U Y I C L O S
Y S R H C Q C T H R N I K C X V
O E S I D A R U E P T H F X A D
H T A L V O P V E N X C I N A T
N W I R W E A A E K J Z F M E C
W J S N N R M H B N M O E I S N
A L W J B I T Z S I T Y V A V K
R T W Y J U N D A W L F N F L S
E F C U A D N G B F E I W C F O
J D T W H W D W H J M F T T B W
G T T K T Y U U W R M T Z Y I G
Y N N H Q S H D S C I A R M V X
```

AUTHENTICITY
CAPABILITY
ENLIGHTENMENT
YEARNING

BRAVERY
DRIVE
WORTH
ZEAL

WORD
SEARCH #9

```
R  B  E  I  Q  E  Q  W  E  F  A  A  I  J  N  R
I  F  D  G  N  M  G  K  V  S  A  E  A  V  R  X
K  Z  S  O  L  N  Q  E  O  K  G  I  R  C  D  A
J  S  D  B  B  P  O  D  T  D  P  N  T  M  K  W
V  G  D  Y  U  S  G  V  E  E  O  S  Q  H  E  E
Z  M  E  X  O  U  U  L  A  I  D  K  W  I  F  L
K  N  H  N  U  N  W  I  T  T  V  O  E  L  C  R
U  Y  X  U  T  O  D  A  H  V  I  L  G  S  I  N
F  O  P  B  N  L  V  D  M  U  D  O  T  V  X  S
D  O  A  K  U  I  E  G  V  S  M  B  N  G  V  T
G  J  C  I  T  T  M  N  Q  I  P  I  V  L  W  C
Q  O  H  O  O  W  L  E  Y  H  D  L  Y  E  R
H  Y  M  S  S  Z  E  U  K  S  G  U  L  I  X  L
J  D  V  S  D  U  P  Z  I  D  S  Y  N  T  T  Z
I  Q  C  L  O  N  G  E  V  I  T  Y  D  Y  N  Y
V  K  S  I  F  Y  A  Q  K  T  K  U  X  X  W  Y
```

FAITH	GENTLENESS
HUMILITY	INNOVATION
JOY	KNOWLEDGE
LONGEVITY	MOTIVATION

WORD SEARCH #10

```
S  O  L  I  D  A  R  I  T  Y  Q  C  I  M  Q  Q
Q  V  E  R  A  Y  K  A  E  F  H  A  G  D  J  Z
J  L  N  U  N  D  E  R  S  T  A  N  D  I  N  G
Z  P  G  N  S  O  N  W  J  A  V  W  P  X  M  J
S  M  E  W  U  C  U  O  Z  E  K  B  Y  Y  T  S
W  L  T  R  C  R  A  H  Y  I  F  X  T  J  M  A
A  Q  P  O  S  U  T  L  O  P  T  I  M  I  S  M
I  U  U  C  L  E  W  U  R  J  L  Y  O  C  B  N
C  B  Y  I  C  E  V  Z  R  I  T  S  M  V  B  Z
M  N  K  H  R  M  R  E  B  I  J  R  C  G  N  K
P  O  G  D  N  K  U  A  R  X  N  M  Z  M  X  T
Y  D  J  G  M  Y  I  H  N  A  R  G  N  Z  X  T
E  D  L  V  B  L  V  N  W  C  N  L  C  I  B  O
Q  B  R  K  E  A  L  T  E  P  E  C  D  E  R  S
G  P  M  R  Y  E  U  B  J  S  N  J  E  K  B  T
J  A  R  Y  Z  M  Q  Z  S  Z  S  S  N  H  S  W
```

NURTURING	**OPTIMISM**
PERSEVERANCE	**QUIRKINESS**
RELIABILITY	**SOLIDARITY**
TOLERANCE	**UNDERSTANDING**

WORD
SEARCH #11

```
E G Y O U T H F U L N E S S U J
X Q Q T C H A R A C T E R X J T
J I A D A P T A B I L I T Y C S
N W T C R Z D I C V N J E O U H
Y R I V Z C W X S U L O J O R C
F O I S I X F A C T O R L Y E R
G Q D W D S G I A U M A H J L I
G B N Q W O I T Q K E L F X T I
B Q E B V X M O B Z G Z C D H M
B O F S R T G E N U N N N U J X
X P L B C W P M S A L G V Q S S
C L L D R O F H P A R J I V Z I
M W B C N S H X E T C Y N N J Z
V L Y H D E R H P P T A P D N X
D H D D N Y S X C M L Y F G Q G
C J N U W J X S S A A A M F A M
```

ADAPTABILITY   **BOLDNESS**
CHARACTER   **VISIONARY**
WISDOM   **X-FACTOR**
YOUTHFULNESS   **ZEALOUS**

WORD
SEARCH #12

```
S  K  E  A  V  I  N  M  A  X  Q  K  K  D  N  Z
H  K  I  N  D  R  E  D  D  B  K  D  V  J  H  I
K  J  P  J  O  I  K  L  L  N  Y  T  C  B  N  N
M  Z  F  M  C  U  T  A  R  E  E  P  R  O  D  E
T  N  U  E  B  P  Q  U  O  C  N  K  I  R  Y  U
Z  H  B  L  A  K  A  X  N  N  H  T  C  T  Y  J
P  Y  N  P  T  R  M  E  O  B  A  Y  I  X  I  Y
D  B  H  O  I  V  L  I  Y  L  T  U  A  D  S  O
S  I  C  G  C  L  T  E  I  I  N  W  H  J  U  B
Q  O  X  L  E  O  I  B  S  E  Q  R  M  C  I  E
S  C  B  C  V  H  U  O  G  S  J  U  Y  G  V  Q
J  F  X  E  D  J  R  N  U  K  N  F  S  F  T  Q
B  E  D  N  F  E  I  Z  I  X  U  E  B  Q  E  V
X  L  D  N  N  F  T  K  W  B  Y  S  P  D  D
Q  E  A  E  G  D  Q  T  D  V  Y  A  B  S  A  E
A  X  G  V  L  A  A  R  Q  I  M  G  O  I  V  Z
```

DEVOTION   **EXCELLENCE**
FEARLESSNESS   **GENEROSITY**
HUMOR   **INGENUITY**
JUBILATION   **KINDRED**

MAZE #1

MAZE #2

MAZE #3

MAZE #4

20

MAZE #5

MAZE #6

MAZE #7

MAZE #8

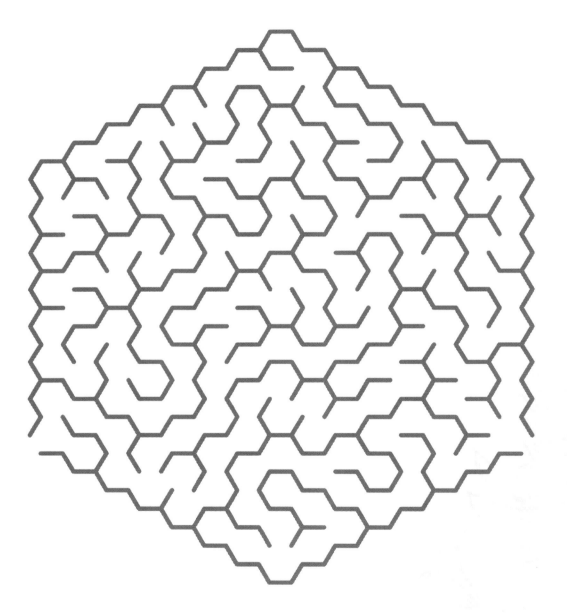

MAZE #9

MAZE #10

MAZE #11

MAZE #12

CROSSWORD
#1

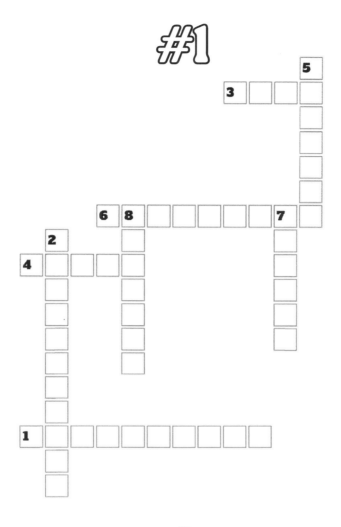

Across

[1] What is the capital of the United States?

[3] What is the national flower of the United States?

[4] What is the largest mammal?

[6] Who wrote "The Old Man and the Sea"?

Down

[2] Who wrote the play "Romeo and Juliet"?

[5] Which planet is closest to the sun?

[7] What is the longest river in South America?

[8] What is the highest mountain in the world?

CROSSWORD #2

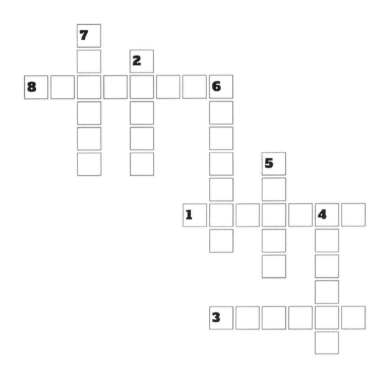

Across
[1] Who painted "Guernica"?

[3] Who composed "The Magic Flute"?

[8] What causes strep throat?

Down
[2] Which planet is known as Earth's "sister planet"?

[4] What is the largest desert in the world?

[5] Which organ pumps blood throughout the body?

[6] What type of paint dries quickly?

[7] What is the national flower of Thailand?

CROSSWORD
#3

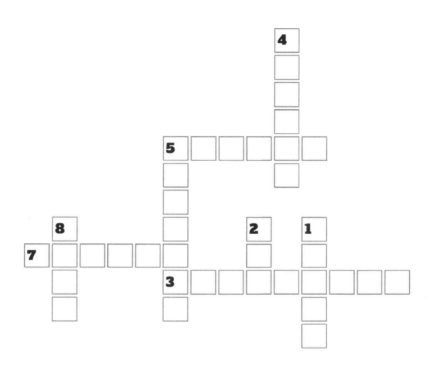

Across

[3] What country is also a continent?

[5] Who composed "Nocturne in E-flat Major"?

[7] Which animal produces cube-shaped feces?

Down

[1] What instrument has 88 keys?

[2] Which mammal is capable of sustained flight?

[4] What is the largest country by land area?

[5] What is the fastest land animal?

[8] Which precious metal is AU on the periodic table?

CROSSWORD
#4

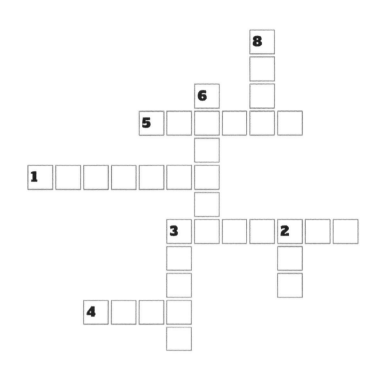

Across

[1] What is the most popular ice cream flavor?

[3] What species of butterfly migrates thousands of miles?

[4] What flower is associated with Valentine's Day?

[5] What instrument is also called a fiddle?

Down

[2] What color are the "Stop" signs in most countries?

[3] Who painted "Water Lilies"?

[6] What vegetable is used to make french fries?

[8] What fruit is also the national symbol of New Zealand?

CROSSWORD

#5

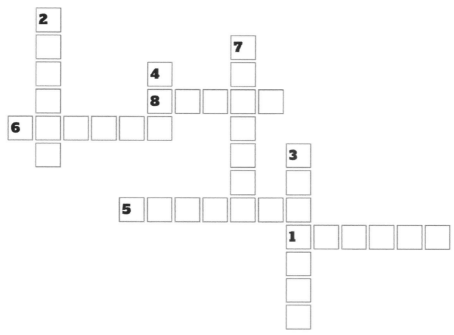

Across

[1] What is the name of a delicacy consisting of salt-cured fish eggs?

[5] What was the name of the ship that sunk on its maiden voyage in 1912?

[6] What tower is a famous landmark in Paris?

[8] What is the largest animal ever to have lived?

Down

[2] Which country is the largest producer of coffee?

[3] What animal is known for washing its food before eating?

[4] What bird is known for its ability to rotate its head nearly 360 degrees?

[7] What marine mammal is known for its intelligence and playful behavior?

CROSSWORD
#6

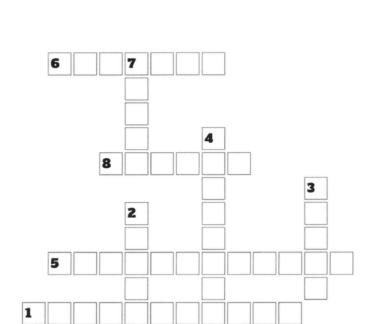

Across

[1] Who is known as the Bard of Avon?

[5] Which animal's name means "river horse"?

[6] What type of animal is Flipper from the famous TV show?

[8] What plant is known for its ability to survive in the desert?

Down

[2] What type of tree produces a sap that can be made into syrup?

[3] What is the second planet from the Sun?

[4] What flower turns its head to follow the sun?

[7] What food originated in Naples, Italy?

CROSSWORD
#7

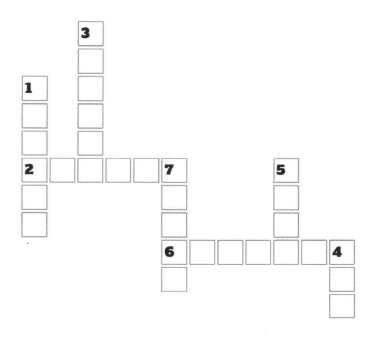

Across

[2] What dog breed comes in standard, miniature, and toy sizes?

[6] Who is known for Cubism art movement?

Down

[1] What fruit is used to make wine?

[3] What plant is the primary diet of a panda?

[4] What tree is known to symbolize strength and endurance?

[5] What flower shares its name with a part of the eye?

[7] The Pyramids of Giza are located in what country?

CROSSWORD
#8

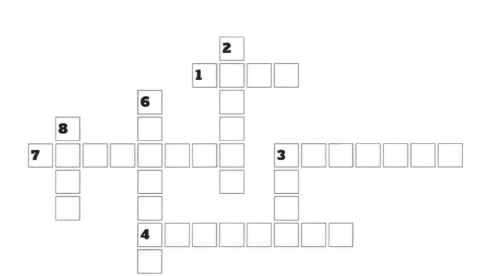

Across

[1] What instrument is associated with angels?

[3] Which planet has the shortest year in our solar system?

[4] What bird is the state bird of seven U.S. states?

[7] What animal carries its young in a pouch?

Down

[2] What fish is known for swimming upstream to spawn?

[3] What orbits the Earth once approximately every 27.3 days?

[6] What bird is known for its colorful tail display?

[8] What music genre originated in New Orleans?

CROSSWORD #9

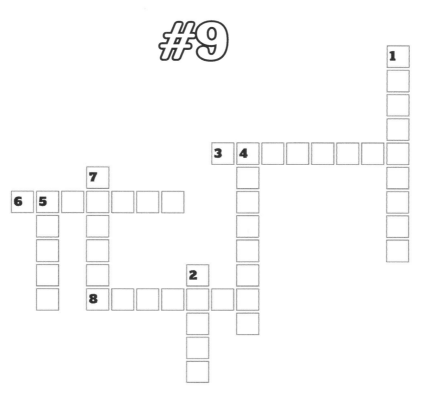

Across

[3] What bird stands on one leg and is often associated with Florida?

[6] What is a common type of butterfly often associated with migration?

[8] Which planet is farthest from the Sun in our solar system?

Down

[1] What treat is often associated with Valentine's Day?

[2] What food typically consists of vinegared rice combined with other ingredients like fish or vegetables?

[4] What plant is often used for its calming scent?

[5] What is a dramatic work in one or more acts, set to music for singers and instrumentalists?

[7] What bird is known as the fastest animal in the world?

CROSSWORD
#10

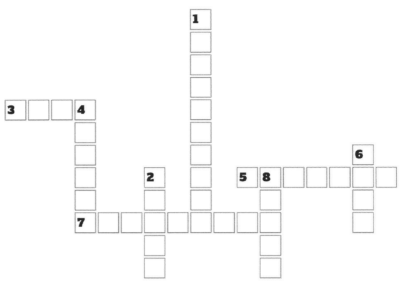

Across

[3] What animal is known for its jumping abilities and is a part of the amphibian family?

[5] What marine animal uses echolocation to navigate underwater?

[7] What type of wine is typically associated with celebration and originates from a region in France with the same name?

Down

[1] Which continent is known for being the coldest?

[2] What is a body that has been preserved by embalming, particularly one that's been dried and wrapped in bandages for burial, as in ancient Egypt?

[4] What plant is known for its strong scent and flavor, and is often used in cooking?

[6] What flightless bird is a national symbol of New Zealand?

[8] In what type of venue would you most likely see an aria performed?

CROSSWORD
#11

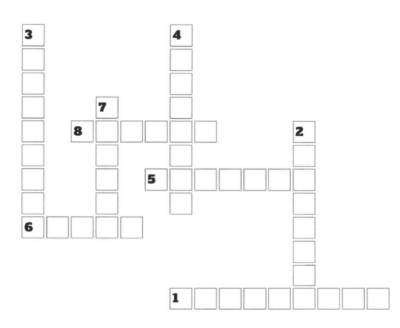

Across

[1] Who composed the Symphony No. 5?

[5] What animal is considered the emblem of Antarctica?

[6] What fruit is known for its sour taste and is used to make lemonade?

[8] What is the world's largest hot desert?

Down

[2] What is the national animal of Australia?

[3] What iconic white marble mausoleum is located in Agra, India?

[4] What animal is known for storing nuts for winter?

[7] What fast-growing plant is often associated with pandas?

CROSSWORD #12

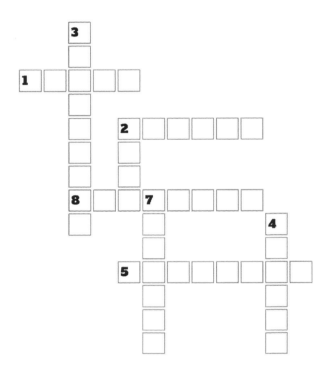

Across

[1] Which planet in our solar system is named after the Roman goddess of love and beauty?

[2] What fruit is known for being a good source of potassium?

[5] What flower is a symbol of spring and rebirth?

[8] What animal is known for having the longest pregnancy?

Down

[2] What color is associated with calm and peace?

[3] What plant is known for its large, yellow flowers?

[4] What stringed musical instrument is often associated with rock music?

[7] Who painted "The Weeping Woman"?

SUDOKU #1

			3					7
6			9				3	4
	2		4	1				
2					3		7	8
	1					9		
	4			8		3	5	
			8		1		4	
4	3						1	9
	6		5	4			8	

SUDOKU #2

	2		3				6	1
				2	1	7		
3	7							
			7	5			9	6
9			4			7		
			8	9	1			
5	9						3	
					8			9
4		6		5		8		

SUDOKU #3

		8				4		9
				3		1		
	6				5		2	7
6			5	7				1
8	9	7				6	5	
				8				
			1			9		
		9			4	5		2
	2		5				4	

SUDOKU #4

7	6					3	1	
						5		
	8			4	3		2	6
			3		5	8		
	9	8	6	2				
		5			9			
1		3		5				8
		7	8		4			
				3		4		2

SUDOKU #5

4				7		2	6	
		3	4		8			
	9						3	1
	7					9		
	1					7	2	5
								3
			4	3	8			
	8		9	2	7		1	4
2		4			1			7

SUDOKU #6

8			1	5		4		
7								8
	1	4		3	6		7	
					1	9	8	
6	3	7					2	
			3				6	
		9	6		8			4
5				1	2			

SUDOKU #7

				5	8		9	
		7			9		4	6
	2				6		5	
4					5		3	
		6	2				7	8
	8					2		4
	9							3
					2	7		9
		3		6				5

SUDOKU #8

3	1	5					2	8
8		9						5
	2						3	
		4	1	6				9
			7	4		3	5	
1			8	3				6
		1	2	7		5		
9		3			8	1		
7	5	2						

SUDOKU #9

		1		3				7
5				4			1	8
	2				1			
		2				9		
6		9					3	5
	5			2				
3	4		6		5			
		7			3			
		5			4		9	

SUDOKU #10

	9				4		2	5
1	3	7	5		2	9		
		2	9	8		6		
2			4	5			9	6
9	4	6		3				
8			6	2		4	3	
7	6	9	2				5	
	8	4		7		2		9
		1				7		8

SUDOKU #11

			8		4	6		
			1		7			
5				3				7
	5			1				
4			6		5		1	3
3					2			6
	7	9	4	8				5
2		8		9		7		
				2			6	

51

SUDOKU #12

	4							1
		5			3			
7		1	2	4			9	
3			9	2	1			
		9		6	4			
6				3		9		
9	1	3			7	6		8
	6				8		7	
	7			1				

CRYPTOGRAM
#1

A	B	C	D	E	F	G	H	I	J	K	L	M	N	O	P	Q	R	S	T	U	V	W	X	Y	Z

I VREIHZ GYML ORVLY CRELZ

HRG BYRE ALY OAWZJCIS

ZGYLHKGA QMG BYRE GAL

MHWJLSFJHK FLGLYEJHIGJRH

VJGAJH ALY ALIYG

53

CRYPTOGRAM
#2

A	B	C	D	E	F	G	H	I	J	K	L	M	N	O	P	Q	R	S	T	U	V	W	X	Y	Z

CHCPV   WDALT   MF   IMEC   LT

LPQMFQ   ZPLBQMTK   XCP   IMBCF

NDJPTCV   WMQX   ODIG   FQPDECF

DB   ZDJPLKC   LTG   GCIMZLQC

QDJZXCF   DB   PCFMIMCTZC

CRYPTOGRAM
#3

A	B	C	D	E	F	G	H	I	J	K	L	M	N	O	P	Q	R	S	T	U	V	W	X	Y	Z

‾‾‾‾ ‾‾ ‾ ‾‾‾‾‾ ‾‾‾‾ ‾‾
JEJL   ML   N   TSQPI   XWPP   SX

‾‾‾‾‾‾‾ ‾‾‾ ‾‾‾‾‾‾‾ ‾‾‾‾‾
ZMLGISBV   NLI   JBAMQJV   JEJQU

‾‾‾‾‾ ‾‾ ‾ ‾‾‾‾‾ ‾‾‾
TSBNL   MV   N   KWJJL   YJQ

‾‾‾‾ ‾‾‾‾‾‾‾ ‾‾‾‾ ‾‾‾
VSWP   VYMLMLG   TMGY   GYJ

‾‾‾‾‾‾ ‾‾‾‾ ‾‾ ‾‾‾‾‾‾
AWQJVC   XSQB   SX   QSUNPCU

CRYPTOGRAM
#4

A	B	C	D	E	F	G	H	I	J	K	L	M	N	O	P	Q	R	S	T	U	V	W	X	Y	Z

XZLT   RFJZS   QG   WTX   VYQNEXE

FO   TXB   FRS   NQOX   LZBXOYNNU

DNZLQSA   XZLT   VBQLK   RQWT

RQGEFJ   DZGGQFS   ZSE   XSENXGG

LBXZWQPQWU

CRYPTOGRAM
#5

A	B	C	D	E	F	G	H	I	J	K	L	M	N	O	P	Q	R	S	T	U	V	W	X	Y	Z

L G   T   I H A T G V   V H D Y   S W T M R

T G N   W R V L Y L R G M R   R E L V X   V L N R

Z B   V L N R   M W R T X L G S   T

Z R T D X L Q D Y   F T W A H G B   H Q

V X W R G S X F   T G N   R Y R S T G M R

CRYPTOGRAM
#6

A	B	C	D	E	F	G	H	I	J	K	L	M	N	O	P	Q	R	S	T	U	V	W	X	Y	Z

U   E S X U A B   B T J K A O T V   D B   Q D Z K

U   Y Q S E K J   I Q S S X D A O   Y J S X   U

L J U L Z   D A   T V K   J S L Z

Y Q S N J D B V D A O   D A   U F R K J B D T W

E D T V   R D I J U A T   J K B D Q D K A L K

58

CRYPTOGRAM
#7

A	B	C	D	E	F	G	H	I	J	K	L	M	N	O	P	Q	R	S	T	U	V	W	X	Y	Z

Z   POMZK   ES   Z   XZSVEKZAEKQ

VOMHEKZAEOK   OX   VOKAYZSAS

SOXA   HFA   SAYOKQ   LYZVAEVZN

HFA   SLEYEAFZN   CMHODTEKQ   AIC

HCZFAEXFN   VOMLNCGEAT   OX

XCMEKEKEAT

CRYPTOGRAM
#8

A	B	C	D	E	F	G	H	I	J	K	L	M	N	O	P	Q	R	S	T	U	V	W	X	Y	Z

YC TOG XNVG BM QYMG N

ABXNCS OGNWT SOYCGS NS N

LWYKOT LGNRBC KFYJYCK TOBSG

AOB ANCJGW YC TOG

JNWDCGSS TBANWJS OBEG NCJ

QBUG

CRYPTOGRAM
#9

A	B	C	D	E	F	G	H	I	J	K	L	M	N	O	P	Q	R	S	T	U	V	W	X	Y	Z

MQG   FRMGLMZHI   RJ   H   XRTHL

ZE   IZVG   MQG   EVO   CHEM

YRSLAIGEE   HLA   HIXHOE   DGHAO

MR   ESDFDZEG   XZMQ   MQG

YDZIIZHLUG   RJ   H   LGX   EMHD

CRYPTOGRAM
#10

A	B	C	D	E	F	G	H	I	J	K	L	M	N	O	P	Q	R	S	T	U	V	W	X	Y	Z

IOLJS   FQJ   UMEJ   RCJ

RCQJFBV   MS   F   RFHJVRQY

MSRJQIJFKMSW   UOKJ   PODQFWJ

FSB   IMVBOL   COUBMSW   ROWJRCJQ

RCJ   ICOUJ   HFRRJQS   OT   UMTJ

CRYPTOGRAM
#11

A	B	C	D	E	F	G	H	I	J	K	L	M	N	O	P	Q	R	S	T	U	V	W	X	Y	Z

AUAKT   CFDQJ   XQL   Q   LZAMRQ

SRHI   XAK   RJIWRIRFJ   Q

SWRGRJS   PRSXI   IXQI   XAPZL

XAK   JQURSQIA   IXA   MXFZZT

CQIAKL   FH   PRHA

CRYPTOGRAM
#12

A	B	C	D	E	F	G	H	I	J	K	L	M	N	O	P	Q	R	S	T	U	V	W	X	Y	Z

LYFLWQ   QGQVJ   OPESY   MTQVQ

LF   S   TLWWQY   ESILA   SYW   SY

UYFQQY   TQVP   FLZQYMZJ   ESRLYI

MTQ   OPVZW   S   DQMMQV

DVLITMQV   BZSAQ

64

WORD SCRAMBLE #1

HEGNTTRSS   _____

LECERINSIE   _____

RUAGEOC   _____

APTYMEH   _____

NEGELELITNIC   _____

CTIVEAYTIR   _____

WORD
SCRAMBLE #2

EAPIRHESLD _____

UNERURT _____

RGEAC _____

SSNCPIOOMPA _____

ALYUITEQ _____

DETMINDRAIETON _____

WORD
SCRAMBLE #3

INPEIDNECDEN _____

AOSSINP _____

WIDSMO _____

YTLOALY _____

HYLMITIU _____

FECOIDNENC _____

WORD SCRAMBLE #4

ACEINETP   _____

BAMIITON   _____

PISTRI   _____

UYBTEA   _____

GEROSNTEYI   _____

ICLNIEDEG   _____

WORD
SCRAMBLE #5

RSECTPE

TNEGRITYI

SKSEDNIN

ONTYESH

EVOL

IONAVINTNO

_____

_____

_____

_____

_____

_____

WORD SCRAMBLE #6

ECNABAL _____

SINCERITY _____

WREPO _____

YRBAERV _____

TYGIDIN _____

OPHE _____

WORD SCRAMBLE #7

YATLIVIT   _____

TNTHRESG   _____

UNURNTSER   _____

TEAAPNOSSI   _____

GNELETLINTI   _____

FROEDME   _____

WORD
SCRAMBLE #8

RLEFWOUP   _____

LIESRENTI   _____

TVEINIVNE   _____

ETHTICPAME   _____

EABVR   _____

SRADLEE   _____

WORD SCRAMBLE #9

CTAEVIRE   _____

DIKN   _____

PCESEDETR   _____

DEIMRDTENE   _____

RACGNI   _____

NOIALPISIRATN   _____

WORD SCRAMBLE #10

AUTBILEFU

OSCARIGUS

BATISOUIM

TPENIAT

SEWI

IGNOLV

_____

_____

_____

_____

_____

_____

WORD SCRAMBLE #11

EDACETUD

SELSFEAR

LYUFJO

AVIDOTEM

HTONSE

SUOHROMU

_____

_____

_____

_____

_____

_____

WORD
SCRAMBLE #12

RSTUT   _____

IFLE   _____

MCIPOSTIT   _____

OVEDETD   _____

PISRETNET   _____

GNOTSR   _____

SPOT THE ODD ONE OUT #1

SPOT THE ODD
ONE OUT #2

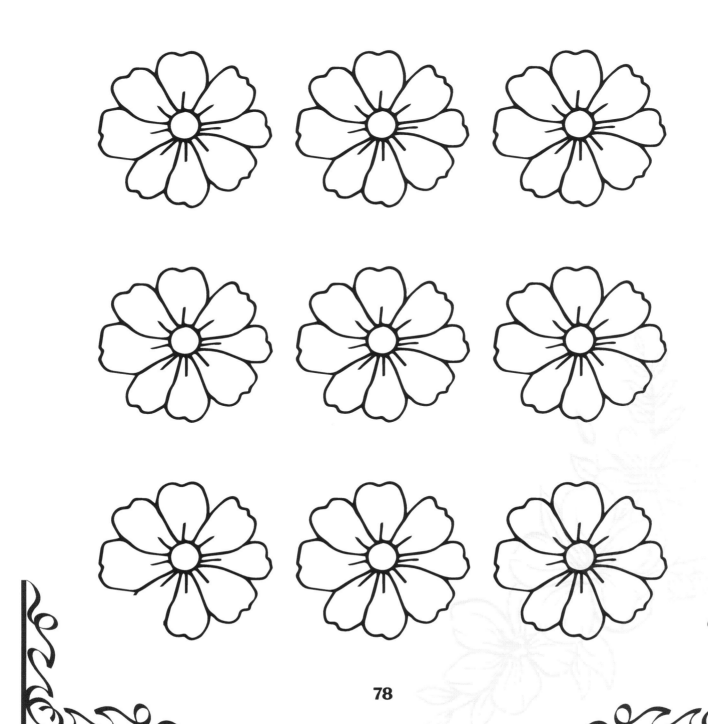

SPOT THE ODD
ONE OUT #3

SPOT THE ODD ONE OUT #5

SPOT THE ODD ONE OUT #6

SPOT THE ODD ONE OUT #7

SPOT THE ODD ONE OUT #8

SPOT THE ODD ONE OUT #10

SPOT THE ODD
ONE OUT #11

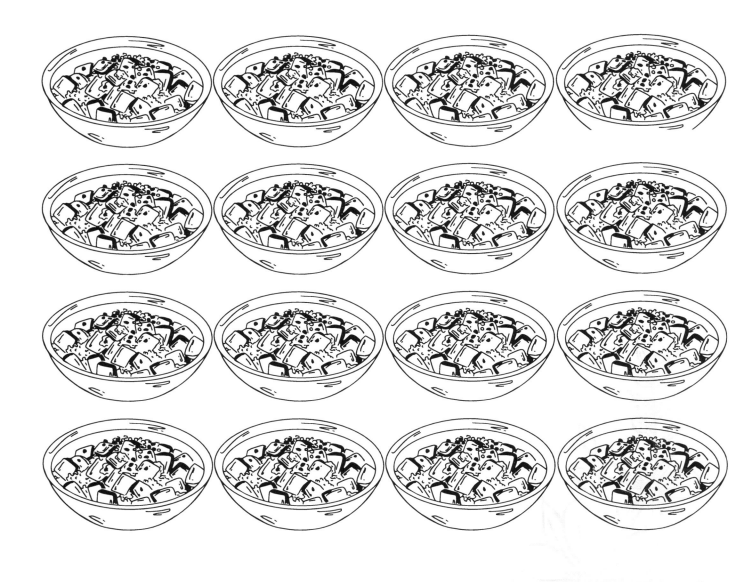

93

94

98

WORD SEARCH SOLUTIONS 1-4

Word Search 1 - Solution

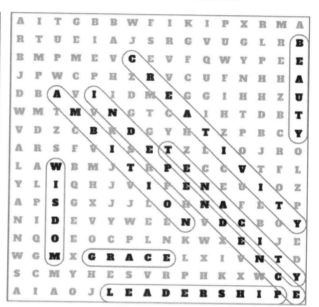

Word Search 2 - Solution

Word Search 3 - Solution

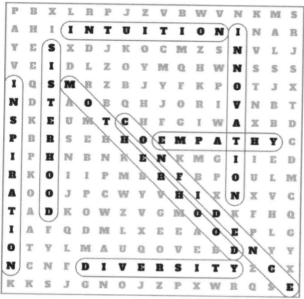

Word Search 4 - Solution

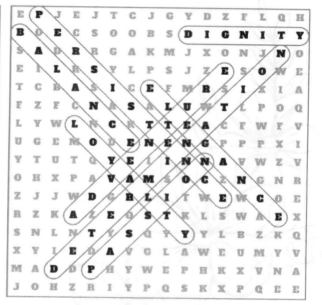

WORD SEARCH
SOLUTIONS 5-8

Word Search 5 - Solution

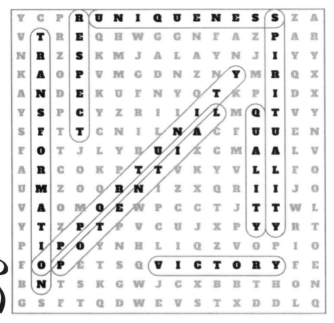

Word Search 6 - Solution

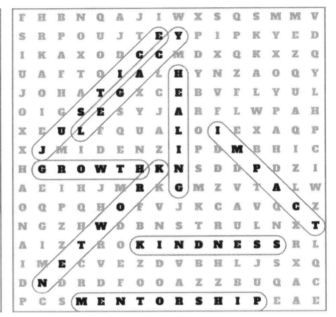

Word Search 7 - Solution

Word Search 8 - Solution

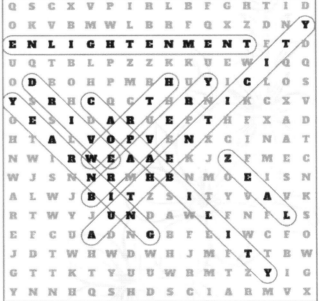

WORD SEARCH
SOLUTIONS 9-12

Word Search 9 - Solution

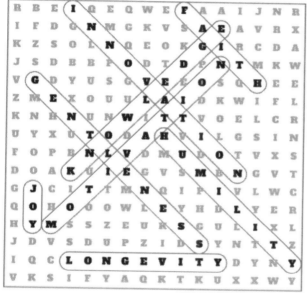

Word Search 10 - Solution

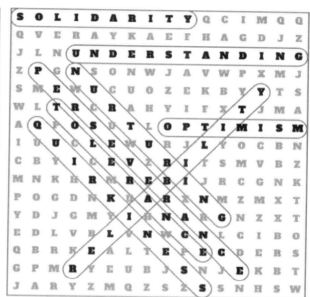

Word Search 11 - Solution

Word Search 12 - Solution

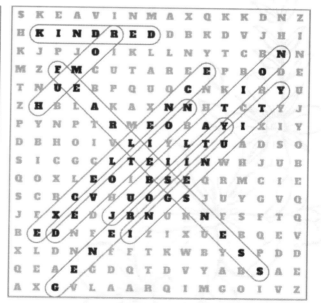

104

MAZE 1-4

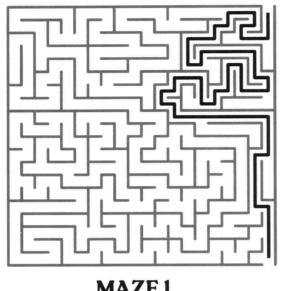

MAZE 1

MAZE 2

MAZE 3

MAZE 4

105

MAZE 5-8

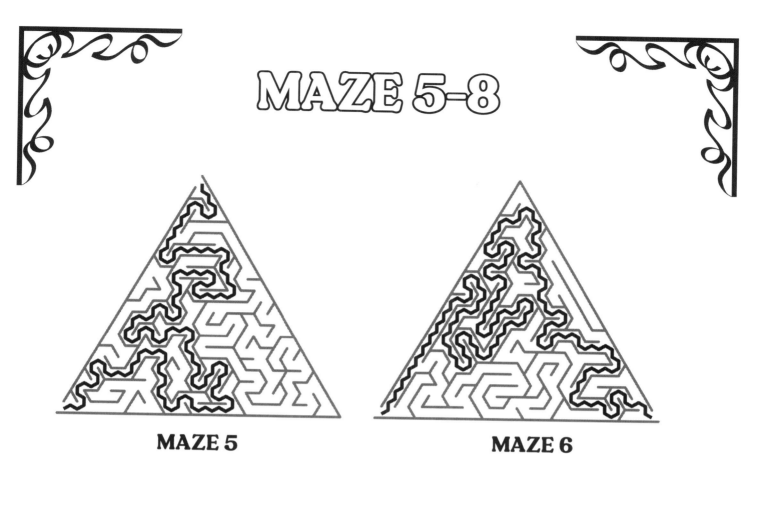

MAZE 5

MAZE 6

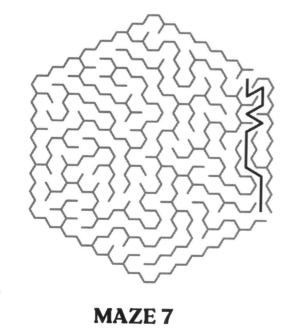

MAZE 7

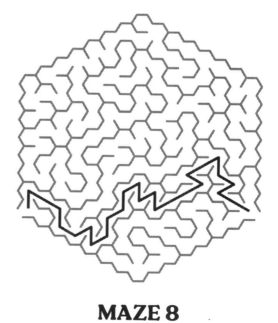

MAZE 8

106

MAZE 9-12

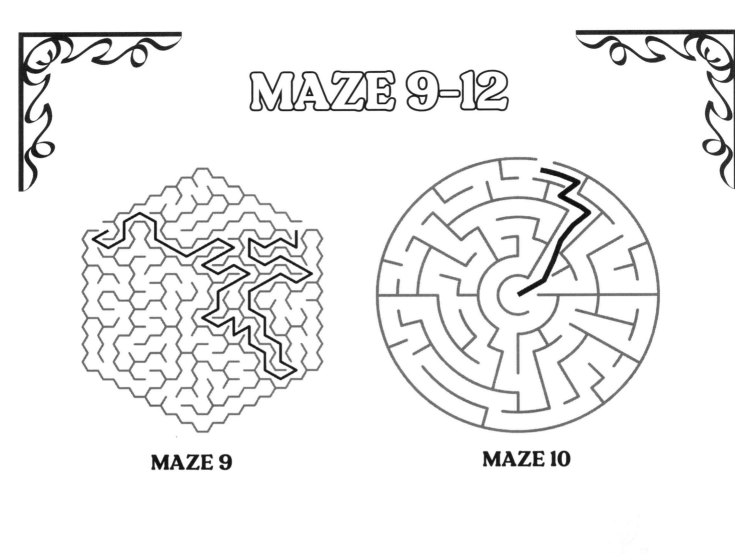

MAZE 9

MAZE 10

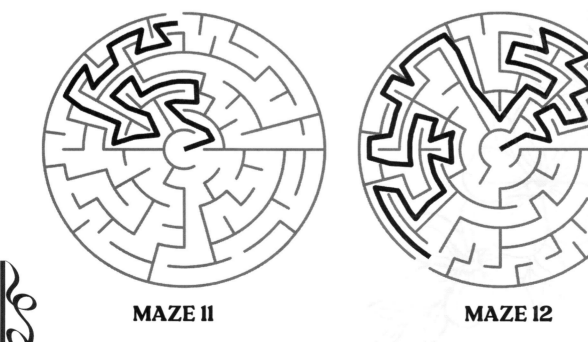

MAZE 11

MAZE 12

CROSSWORD SOLUTION #1

```
                          ⁵M
                   ³R O S E
                          R
                          C
                          U
                          R
         ⁶H ⁸E M I N G W ⁷A Y
      ²S    V              M
   ⁴W H A L E              A
      A     R              Z
      K     E              O
      E     S              N
      S     T
      P
      E
   ¹W A S H I N G T O N
      A
      R
      E
```

Across

[1] What is the capital of the United States?

[3] What is the national flower of the United States?

[4] What is the largest mammal?

[6] Who wrote "The Old Man and the Sea"?

Down

[2] Who wrote the play "Romeo and Juliet"?

[5] Which planet is closest to the sun?

[7] What is the longest river in South America?

[8] What is the highest mountain in the world?

CROSSWORD SOLUTION #2

```
        7O
         R        2V
    8B A C T E R I 6A
         H        N  C
         I        U  R
         D        S  Y
                     L        5H
                     E
              1P I C A S 4S O
                 C     R  A
                       T  H
                          A
              3M O Z A R T
                          A
```

Across

[1] Who painted "Guernica"?

[3] Who composed "The Magic Flute"?

[8] What causes strep throat?

Down

[2] Which planet is known as Earth's "sister planet"?

[4] What is the largest desert in the world?

[5] Which organ pumps blood throughout the body?

[6] What type of paint dries quickly?

[7] What is the national flower of Thailand?

CROSSWORD SOLUTION #3

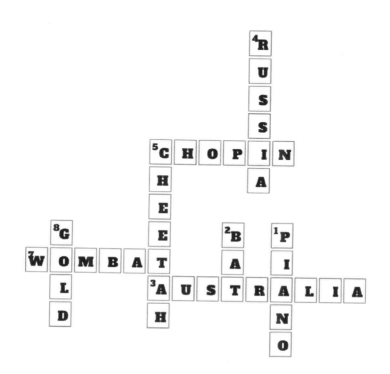

Across

[3] What country is also a continent?

[5] Who composed "Nocturne in E-flat Major"?

[7] Which animal produces cube-shaped feces?

Down

[1] What instrument has 88 keys?

[2] Which mammal is capable of sustained flight?

[4] What is the largest country by land area?

[5] What is the fastest land animal?

[8] Which precious metal is AU on the periodic table?

CROSSWORD SOLUTION #4

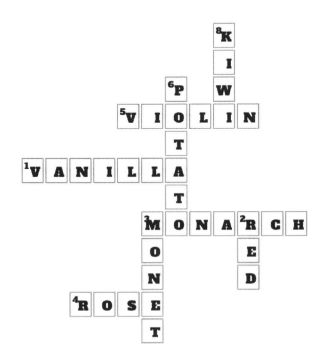

Across

[1] What is the most popular ice cream flavor?

[3] What species of butterfly migrates thousands of miles?

[4] What flower is associated with Valentine's Day?

[5] What instrument is also called a fiddle?

Down

[2] What color are the "Stop" signs in most countries?

[3] Who painted "Water Lilies"?

[6] What vegetable is used to make french fries?

[8] What fruit is also the national symbol of New Zealand?

CROSSWORD SOLUTION #5

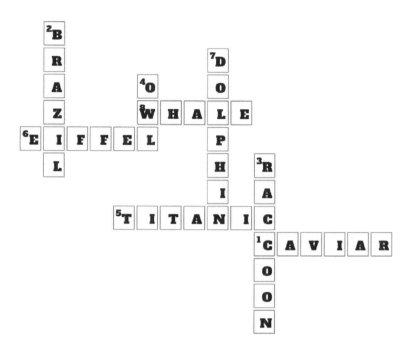

```
      ²B
      R          ⁷D
      A      ⁴O  O
      Z      ⁸W H A L E
 ⁶E I F F E L  P
      L        H   ³R
               I   A
          ⁵T I T A N I C
                   C
                ¹C A V I A R
                   O
                   O
                   N
```

Across

[1] What is the name of a delicacy consisting of salt-cured fish eggs?

[5] What was the name of the ship that sunk on its maiden voyage in 1912?

[6] What tower is a famous landmark in Paris?

[8] What is the largest animal ever to have lived?

Down

[2] Which country is the largest producer of coffee?

[3] What animal is known for washing its food before eating?

[4] What bird is known for its ability to rotate its head nearly 360 degrees?

[7] What marine mammal is known for its intelligence and playful behavior?

CROSSWORD SOLUTION #6

```
⁶D O L ⁷P H I N
      I
      Z
      Z        ⁴S
   ⁸C A C T U S
             N        ³V
      ²M     F        E
       A     L        N
   ⁵H I P P O P O T A M U S
       L     W        S
   ¹S H A K E S P E A R E
             R
```

Across

[1] Who is known as the Bard of Avon?

[5] Which animal's name means "river horse"?

[6] What type of animal is Flipper from the famous TV show?

[8] What plant is known for its ability to survive in the desert?

Down

[2] What type of tree produces a sap that can be made into syrup?

[3] What is the second planet from the Sun?

[4] What flower turns its head to follow the sun?

[7] What food originated in Naples, Italy?

CROSSWORD SOLUTION #7

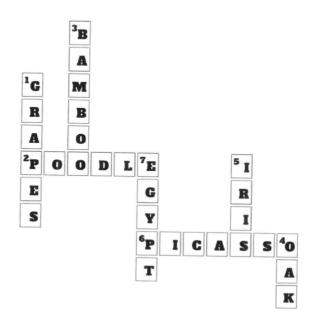

```
        ³B
         A
    ¹G   M
     R   B
     A   O
    ²P O O D L ⁷E        ⁵I
     E       G          R
     S       Y          I
            ⁶P I C A S S ⁴O
             T          A
                        K
```

Across

[2] What dog breed comes in standard, miniature, and toy sizes?

[6] Who is known for Cubism art movement?

Down

[1] What fruit is used to make wine?

[3] What plant is the primary diet of a panda?

[4] What tree is known to symbolize strength and endurance?

[5] What flower shares its name with a part of the eye?

[7] The Pyramids of Giza are located in what country?

CROSSWORD SOLUTION #8

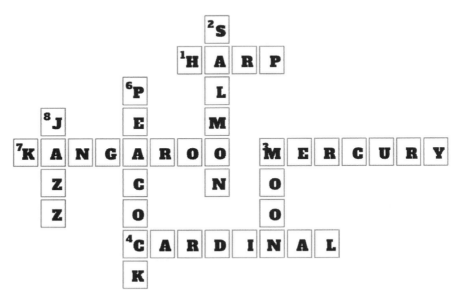

Across

[1] What instrument is associated with angels?

[3] Which planet has the shortest year in our solar system?

[4] What bird is the state bird of seven U.S. states?

[7] What animal carries its young in a pouch?

Down

[2] What fish is known for swimming upstream to spawn?

[3] What orbits the Earth once approximately every 27.3 days?

[6] What bird is known for its colorful tail display?

[8] What music genre originated in New Orleans?

CROSSWORD SOLUTION #9

The crossword grid contains the following solution:

Across:
- [3] FLAMINGO
- [6] MONARCH
- [8] NEPTUNE

Down:
- [1] CHOCOLATE
- [2] SUSHI
- [4] LAVENDER
- [5] OPERA
- [7] FALCON

Across

[3] What bird stands on one leg and is often associated with Florida?

[6] What is a common type of butterfly often associated with migration?

[8] Which planet is farthest from the Sun in our solar system?

Down

[1] What treat is often associated with Valentine's Day?

[2] What food typically consists of vinegared rice combined with other ingredients like fish or vegetables?

[4] What plant is often used for its calming scent?

[5] What is a dramatic work in one or more acts, set to music for singers and instrumentalists?

[7] What bird is known as the fastest animal in the world?

CROSSWORD SOLUTION #10

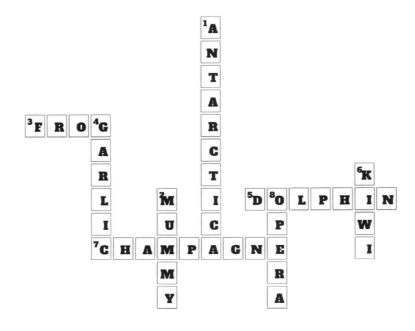

Across

[3] What animal is known for its jumping abilities and is a part of the amphibian family?

[5] What marine animal uses echolocation to navigate underwater?

[7] What type of wine is typically associated with celebration and originates from a region in France with the same name?

Down

[1] Which continent is known for being the coldest?

[2] What is a body that has been preserved by embalming, particularly one that's been dried and wrapped in bandages for burial, as in ancient Egypt?

[4] What plant is known for its strong scent and flavor, and is often used in cooking?

[6] What flightless bird is a national symbol of New Zealand?

[8] In what type of venue would you most likely see an aria performed?

CROSSWORD SOLUTION #11

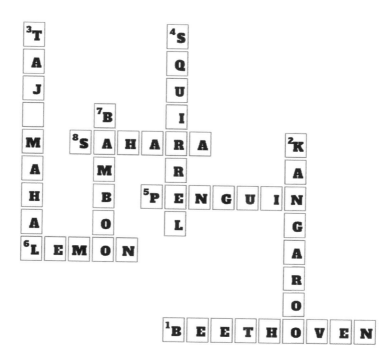

```
³T                    ⁴S
 A                     Q
 J                     U
                       I
          ⁷B
 M      ⁸S A H A R A   R        ²K
 A        M            R         A
 H        B          ⁵P E N G U I N
 A        O            L         G
⁶L E M O N                       A
                                 R
                                 O
                    ¹B E E T H O V E N
```

Across

[1] Who composed the Symphony No. 5?

[5] What animal is considered the emblem of Antarctica?

[6] What fruit is known for its sour taste and is used to make lemonade?

[8] What is the world's largest hot desert?

Down

[2] What is the national animal of Australia?

[3] What iconic white marble mausoleum is located in Agra, India?

[4] What animal is known for storing nuts for winter?

[7] What fast-growing plant is often associated with pandas?

CROSSWORD SOLUTION #12

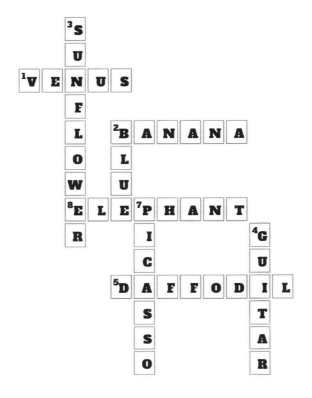

Across

[1] Which planet in our solar system is named after the Roman goddess of love and beauty?

[2] What fruit is known for being a good source of potassium?

[5] What flower is a symbol of spring and rebirth?

[8] What animal is known for having the longest pregnancy?

Down

[2] What color is associated with calm and peace?

[3] What plant is known for its large, yellow flowers?

[4] What stringed musical instrument is often associated with rock music?

[7] Who painted "The Weeping Woman"?

SUDOKU SOLUTIONS 1-4

SUDOKU 1

5	9	4	3	2	8	1	6	7
6	8	1	9	7	5	2	3	4
3	2	7	4	1	6	8	9	5
2	5	6	1	9	3	4	7	8
8	1	3	7	5	4	9	2	6
7	4	9	6	8	2	3	5	1
9	7	5	8	3	1	6	4	2
4	3	8	2	6	7	5	1	9
1	6	2	5	4	9	7	8	3

SUDOKU 2

8	2	5	3	9	7	4	6	1
6	4	9	5	2	1	7	8	3
3	7	1	8	6	4	9	2	5
1	8	4	2	7	5	3	9	6
9	6	2	1	4	3	5	7	8
7	5	3	6	8	9	1	4	2
5	9	8	7	1	6	2	3	4
2	1	7	4	3	8	6	5	9
4	3	6	9	5	2	8	1	7

SUDOKU 3

3	5	8	2	7	1	4	6	9
2	7	4	9	3	6	1	8	5
9	6	1	8	4	5	3	2	7
6	3	2	4	5	7	8	9	1
8	9	7	1	2	3	6	5	4
4	1	5	6	9	8	2	7	3
5	4	6	7	1	2	9	3	8
7	8	9	3	6	4	5	1	2
1	2	3	5	8	9	7	4	6

SUDOKU 4

7	6	2	5	9	8	3	1	4
4	3	9	2	1	6	5	8	7
5	8	1	7	4	3	9	2	6
2	1	4	3	7	5	8	6	9
3	9	8	6	2	1	7	4	5
6	7	5	4	8	9	2	3	1
1	4	3	9	5	2	6	7	8
9	2	7	8	6	4	1	5	3
8	5	6	1	3	7	4	9	2

SUDOKU
SOLUTIONS 5-8

4	5	1	3	7	9	2	6	8
6	2	3	4	1	8	5	7	9
7	9	8	2	6	5	4	3	1
8	3	7	1	5	2	9	4	6
9	1	6	8	3	4	7	2	5
5	4	2	7	9	6	1	8	3
1	7	9	6	4	3	8	5	2
3	8	5	9	2	7	6	1	4
2	6	4	5	8	1	3	9	7

SUDOKU 5

8	6	2	1	5	7	4	3	9
7	5	3	2	4	9	6	1	8
9	1	4	8	3	6	2	7	5
1	9	8	5	2	3	7	4	6
2	4	5	7	6	1	9	8	3
6	3	7	9	8	4	5	2	1
4	7	1	3	9	5	8	6	2
3	2	9	6	7	8	1	5	4
5	8	6	4	1	2	3	9	7

SUDOKU 6

6	4	1	7	5	8	3	9	2
8	5	7	3	2	9	1	4	6
3	2	9	4	1	6	8	5	7
4	7	2	6	8	5	9	3	1
1	3	6	2	9	4	5	7	8
9	8	5	1	7	3	2	6	4
7	9	8	5	4	1	6	2	3
5	6	4	8	3	2	7	1	9
2	1	3	9	6	7	4	8	5

SUDOKU 7

3	1	5	4	9	7	6	2	8
8	7	9	3	2	6	4	1	5
4	2	6	5	8	1	9	3	7
5	3	4	1	6	2	7	8	9
2	6	8	7	4	9	3	5	1
1	9	7	8	3	5	2	4	6
6	8	1	2	7	3	5	9	4
9	4	3	6	5	8	1	7	2
7	5	2	9	1	4	8	6	3

SUDOKU 8

SUDOKU
SOLUTIONS 9-12

4	8	1	9	3	2	5	6	7
5	9	3	4	6	7	1	2	8
7	2	6	5	1	8	3	4	9
1	3	2	7	5	6	9	8	4
6	7	9	8	4	1	2	3	5
8	5	4	3	2	9	6	7	1
3	4	8	6	9	5	7	1	2
9	1	7	2	8	3	4	5	6
2	6	5	1	7	4	8	9	3

SUDOKU 9

6	9	8	7	1	4	3	2	5
1	3	7	5	6	2	9	8	4
4	5	2	9	8	3	6	7	1
2	7	3	4	5	1	8	9	6
9	4	6	8	3	7	5	1	2
8	1	5	6	2	9	4	3	7
7	6	9	2	4	8	1	5	3
3	8	4	1	7	5	2	6	9
5	2	1	3	9	6	7	4	8

SUDOKU 10

9	1	7	8	5	4	6	3	2
8	2	3	1	6	7	4	5	9
5	6	4	2	3	9	1	8	7
7	5	6	3	1	8	2	9	4
4	9	2	6	7	5	8	1	3
3	8	1	9	4	2	5	7	6
6	7	9	4	8	1	3	2	5
2	3	8	5	9	6	7	4	1
1	4	5	7	2	3	9	6	8

SUDOKU 11

2	4	6	5	8	9	7	3	1
8	9	5	1	7	3	4	6	2
7	3	1	2	4	6	8	9	5
3	8	7	9	2	1	5	4	6
1	5	9	7	6	4	2	8	3
6	2	4	8	3	5	9	1	7
9	1	3	4	5	7	6	2	8
5	6	2	3	9	8	1	7	4
4	7	8	6	1	2	3	5	9

SUDOKU 12

CRYPTOGRAM SOLUTIONS 1-9

1. A WOMAN'S TRUE POWER COMES NOT FROM HER PHYSICAL STRENGTH, BUT FROM THE UNYIELDING DETERMINATION WITHIN HER HEART.

2. EVERY WOMAN IS LIKE AN ARTIST, CRAFTING HER LIFE'S JOURNEY WITH BOLD STROKES OF COURAGE AND DELICATE TOUCHES OF RESILIENCE.

3. EVEN IN A WORLD FULL OF KINGDOMS AND EMPIRES, EVERY WOMAN IS A QUEEN, HER SOUL SHINING WITH THE PUREST FORM OF ROYALTY.

4. EACH WOMAN IS THE BUILDER OF HER OWN LIFE, CAREFULLY PLACING EACH BRICK WITH WISDOM, PASSION, AND ENDLESS CREATIVITY.

5. IN A WOMAN'S SOUL, GRACE AND RESILIENCE EXIST SIDE BY SIDE, CREATING A BEAUTIFUL HARMONY OF STRENGTH AND ELEGANCE.

6. A WOMAN'S STRENGTH IS LIKE A FLOWER BLOOMING FROM A CRACK IN THE ROCK, FLOURISHING IN ADVERSITY WITH VIBRANT RESILIENCE.

7. A WOMAN IS A FASCINATING COMBINATION OF CONTRASTS - SOFT BUT STRONG, PRACTICAL BUT SPIRITUAL, EMBODYING THE BEAUTIFUL COMPLEXITY OF FEMININITY.

8. IN THE MAZE OF LIFE, A WOMAN'S HEART SHINES AS A BRIGHT BEACON, GUIDING THOSE WHO WANDER IN THE DARKNESS TOWARDS HOPE AND LOVE.

9. THE POTENTIAL OF A WOMAN IS LIKE THE SKY - VAST, BOUNDLESS, AND ALWAYS READY TO SURPRISE WITH THE BRILLIANCE OF A NEW STAR.

10. WOMEN ARE LIKE THE THREADS IN A TAPESTRY, INTERWEAVING LOVE, COURAGE, AND WISDOM, HOLDING TOGETHER THE WHOLE PATTERN OF LIFE.

11. EVERY WOMAN HAS A SPECIAL GIFT - HER INTUITION, A GUIDING LIGHT THAT HELPS HER NAVIGATE THE CHOPPY WATERS OF LIFE.

12. INSIDE EVERY WOMAN, THERE IS A HIDDEN MAGIC AND AN UNSEEN HERO, SILENTLY MAKING THE WORLD A BETTER, BRIGHTER PLACE.

WORD SCRAMBLE
SOLUTIONS 1-6

#1
STRENGTH: HEGNTTRSS
RESILIENCE: LECERINSIE
COURAGE: RUAGEOC
EMPATHY: APTYMEH
INTELLIGENCE: NEGELELITNIC
CREATIVITY: CTIVEAYTIR

#2
LEADERSHIP: EAPIRHESLD
NURTURE: UNERURT
GRACE: RGEAC
COMPASSION: SSNCPIOOMPA
EQUALITY: ALYUITEQ
DETERMINATION: ETMINDRAIETON

#3
INDEPENDENCE: NPEIDNECDEN
PASSION: AOSSINP
WISDOM: WIDSMO
LOYALTY: YTLOALY
HUMILITY: HYLMITIU
CONFIDENCE: FECOIDNENC

#4
PATIENCE: ACEINETP
AMBITION: BAMIITON
SPIRIT: PISTRI
BEAUTY: UYBTEA
GENEROSITY: GEROSNTEYI
DILIGENCE: ICLNIEDEG

#5
RESPECT: RSECTPE
INTEGRITY: TNEGRITYI
KINDNESS: SKSEDNIN
HONESTY: ONTYESH
LOVE: EVOL
INNOVATION: IONAVINTNO

#6
BALANCE: ECNABAL
SINCERITY: SINCERITY
POWER: WREPO
BRAVERY: YRBAERV
DIGNITY: TYGIDIN
HOPE: OPHE

WORD SCRAMBLE
SOLUTIONS 7-12

#7

VITALITY: YATLIVIT
STRENGTH: TNTHRESG
NURTURERS: UNURNTSER
PASSIONATE: TEAAPNOSSI
INTELLIGENT: GNELETLINTI
FREEDOM: FROEDME

#8

POWERFUL: RLEFWOUP
RESILIENT: LIESRENTI
INVENTIVE: TVEINIVNE
EMPATHETIC: ETHTICPAME
BRAVE: EABVR
LEADERS: SRADLEE

#9

CREATIVE: CTAEVIRE
KIND: DIKN
RESPECTED: PCESEDETR
DETERMINED: DEIMRDTENE
CARING: RACGNI
INSPIRATIONAL: NOIALPISIRATN

#10

BEAUTIFUL: AUTBILEFU
GRACIOUS: OSCARIGUS
AMBITIOUS: BATISOUIM
PATIENT: TPENIAT
WISE: SEWI
LOVING: IGNOLV

#11

EDUCATED: EDACETUD
FEARLESS: SELSFEAR
JOYFUL: LYUFJO
MOTIVATED: AVIDOTEM
HONEST: HTONSE
HUMOROUS: SUOHROMU

#12

TRUST: RSTUT
LIFE: IFLE
OPTIMISTIC: MCIPOSTIT
DEVOTED: OVEDETD
PERSISTENT: PISRETNET
STRONG: GNOTSR

SPOT THR ODD ONE OUT
SOLUTIONS 1-4

#1

#2

#3

#4

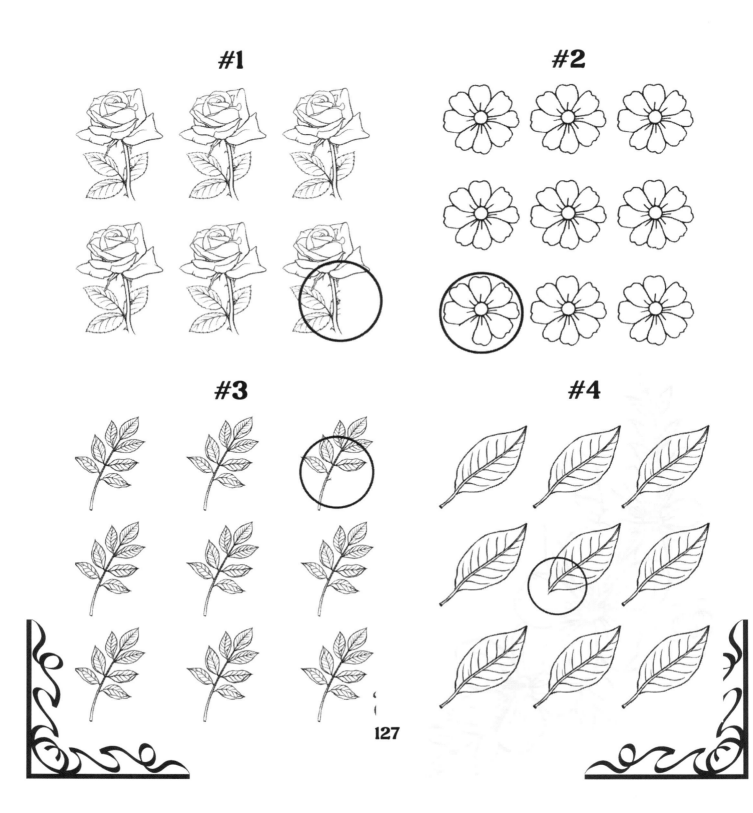

SPOT THR ODD ONE OUT
SOLUTIONS 5-8

#5

#6

#7

#8

SPOT THR ODD ONE OUT
SOLUTIONS 9-12

#9

#10

#11

#12

129

THANK YOU
FOR COMPLETING THIS
ACTIVITY BOOK. WE HOPE
YOU HAD A WONDERFUL
EXPERIENCE. CHECKOUT
MORE OF OUR BOOKS ON
AMAZON BY SEARCHING FOR
NEW SUNRISE BOOKS.

Made in United States
Troutdale, OR
11/16/2023